PRIMERA DAMA

COMPRÉNDALO, ES UN REGALO PARA SU CUMPLEAÑOS, SE HACE MAYOR Y... YA, YA...

Kim: "quiero adoptar a Angelina Jolie"

SA... DAY

ESCUCHE, ¿SABE LO QUE DICEN DE LA C.I.A.? PUES ES TODO CIERTO... OH, MUCHAS GRACIAS...

Melania Trump, Miss América vitalicia

Pablo Ríos

Nacido en Algeciras en 1978, iba para futbolista pero colgó las botas y se puso a hacer tebeos hace un tiempo. Con *Azul y pálido* (Entrecomics, 2012) obtuvo la nominación a Autor Revelación en el Salón del Cómic de Barcelona de 2013. Luego, junto al guionista Santiago García, publicó *Fútbol, la novela gráfica* (Astiberri, 2014) y *El portero* (Fundazioa Athletic de Bilbao), también con Santiago García como guionista. Vaya por delante que, a pesar de obsesionarse con Trump, no le hubiera votado.

© Pablo Ríos, 2016

Primera edición: diciembre de 2016

© de esta edición: Roca Editorial de Libros, S. L.
Av. Marquès de l'Argentera 17, pral.
08003 Barcelona
info@sapristicomic.com
www.sapristicomic.com

Impreso por Liberdúplex, s.l.u.
Ctra. BV-2249, km 7,4, Pol. Ind. Torrentfondo
Sant Llorenç d'Hortons (Barcelona)

ISBN: 978-84-945568-8-3
Depósito legal: B-24.753-2016
Código IBIC: FX

RS56883